BEI GRIN MACHT SICH IHR WISSEN BEZAHLT

- Wir veröffentlichen Ihre Hausarbeit, Bachelor- und Masterarbeit

- Ihr eigenes eBook und Buch - weltweit in allen wichtigen Shops

- Verdienen Sie an jedem Verkauf

Jetzt bei www.GRIN.com hochladen und kostenlos publizieren

Autonome Waffensysteme aus ethischer und politischer Sicht

Salih Sakar

Bibliografische Information der Deutschen Nationalbibliothek:

Die Deutsche Nationalbibliothek verzeichnet diese Publikation in der Deutschen Nationalbibliografie; detaillierte bibliografische Daten sind im Internet über http://dnb.d-nb.de abrufbar.

ISBN: 9783346758637
Dieses Buch ist auch als E-Book erhältlich.

© GRIN Publishing GmbH
Nymphenburger Straße 86
80636 München

Druck und Bindung: Books on Demand GmbH, Norderstedt Germany
Gedruckt auf säurefreiem Papier aus verantwortungsvollen Quellen

Das Buch bei GRIN: https://www.grin.com/document/1296732

**Fakultät für
Ingenieurwissenschaften,
Informatik und
Psychologie**
Institut für künstliche
Intelligenz

Autonome Waffensysteme

Seminararbeit an der Universität Ulm

Vorgelegt von:
Salih Sakar

2021

Inhaltsverzeichnis

1 Einleitung

Künstliche Intelligenz, abgekürzt KI, taucht in verschiedenen Bereichen des Alltags auf:
Sprachassistenten, Google-Übersetzer, Gesichtserkennung, im Online-Handel in Form von personalisierten Werbungen und Co. [8]
Im Gegensatz zu bisher genannten «harmlosen» Beispielen von KI-Einsätzen, kann sie auch aus militärischen Zwecken verwendet werden. Sogenannte autonome Waffensysteme (AWS, oder auch LAWS), deren Autonomie durch die KI ermöglicht werden, sind ein immer stärker ernst zu nehmendes Thema. Anstatt eigene Soldaten auf ein Kriegsfeld zu schicken, werden stattdessen autonome Kampfroboter eingesetzt.
Was nach Science Fiktion klingt, kann Realität werden. Wie im 1. Abschnitt in [1] zu lesen ist, sind AWS schon längst Entwicklungs- und Forschungsthema in unterschiedlichen Ländern. Ferngesteuerte unbemannte Luftfahrzeuge, im engl. armed uninhabited air vehicles (UAVs) sind heutzutage weltweit verbreitet, in Besitz und in Einsatz. Werden AWS in Zukunft die Nachfolger von UAVs?
Wirtschaftliche, militärische und politische Interessen wie im 2. Abschnitt in [1] würden einen solchen Übergang vorantreiben:
Reduzierte Personalkosten bei fehlender menschlicher Kontrolle von AWS, günstigere Massenproduktion von AWS im Vergleich zu Soldateneinsätzen, leichtere politische Verteidigung von AWS Verlusten als von Soldatenleben gegenüber der Bevölkerung, etc.
In dieser Seminararbeit geht es um das Thema der autonomen Waffensysteme. Dabei wird das Thema näher aus ethischer und politischer Sicht beleuchtet. Im Abschnitt 2 werden AWS definiert und von anderen Kriegstechnologien abgegrenzt. Im 3. Abschnitt wird das Thema zum Gegenstand moralischer Diskussionen. Im Abschnitt 4 wird ein politisches Licht auf das Thema AWS geworfen, das international heftig diskutiert wird. Abschnitt 5 präsentiert eine Zusammenfassung.

2 Definition

Eine einheitliche Definition von autonomen Waffensystemen und eine klare Abgrenzung zu UAVs dienen als Grundlage, um ein einheitliches Verständnis für moralische, militärische und politische Diskussionen zu schaffen. Es gibt unterschiedliche Auffassungen zu diesem Thema, auch im Hinblick auf den Aspekt der Autonomie. Abschnitt 5 in [1] zeigt anhand ausgewählter Definitionen auf, dass Definitionen zu autonomen Waffensystemen sich inhaltlich unterscheiden können und dies auch zu Problemen führen kann.

2.1 Abgrenzung zu UAVs

In den Abschnitten 1 und 2 in [1] werden auf UAVs eingegangen, die heutzutage sehr weit verbreitet sind und auch eingesetzt werden.
Uninhabited air vehicles, auch kurz UAVs sind ferngesteuerte Drohnen, die unbemannt sind, d.h. in der Drohne befindet sich kein Soldat, dessen Leben gefährdet ist. UAVs können je nachdem mit autonomen Funktionen wie z.b. für die Landung, den Startflug, etc. ausgestattet sein, jedoch wird der Befehl zur Attacke ferngesteuert durch einen menschlichen Benutzer erteilt, der mithilfe von Kameraaufnahmen o.Ä. sein Ziel erkennt, auswählt und über einen gewissen Kommunikationslink an das UAV sendet.
Darin liegt auch der wesentliche Unterschied zu autonomen Waffensystemen: Der Mensch entscheidet über die Attacke, die vom UAV ausgeführt wird und ist somit der Entscheidungs- und Verantwortungsträger über die ausgeführten Attacken. Der Übergang zu autonomen Waffensystemen ist klar abgegrenzt, jedoch kann ein bestehendes UAV zu einem autonomen Waffensystem erweitert werden.

2.2 Definition von autonomen Waffensystemen

Eine mögliche Definition ist von ICRC folgendermaßen formuliert:

> „The ICRC's working definition of an autonomous weapon system is: ‚Any weapon system with autonomy in its critical functions. That is, a weapon system that can select (i.e. search for or detect, identify, track, select) and attack (i.e. use force against, neutralize, damage or destroy) targets without human intervention.'" [7, S. 4]

Der wesentliche Unterschied zwischen den UAVs und den AWS (autonomous weapon systems) liegt in der Autonomie der Selektierung und Attacke des ausgewählten Ziels. Dabei sind Selektierung und Attacke abstrakte Funktionen, die per Definition konkret implementiert werden. Beide abstrakten Funktionen sind definitionsgemäß kritisch, Autonomie in anderen Funktionen wie z.B. Landung, o.Ä. werden nicht betrachtet.

Der Grad an menschlicher Kontrolle über AWS bzw. an Autonomie dieser Waffensysteme hängt davon ab, wie stark der Mensch in diesem Entscheidungsprozess involviert ist. Im 2. Abschnitt von [1] werden 3 Möglichkeiten erläutert:

Der Mensch entscheidet über die Attacke eines ausgewählten Ziels, was per Definition keinem AWS entspricht, sondern eher einem UAV. Er überwacht nur die Aktivitäten der AWS und kann evtl. intervenieren oder er kann weder die AWS überwachen noch auf irgendeine Weise Einfluss auf ihre Ausführungen nehmen.

2.3 Unterscheidung zwischen «automatisch» und «autonom»

Eine weitere Unterscheidung, die den Autonomie Aspekt von AWS weiter eingrenzt, wird im 5. Abschnitt in [1] aufgegriffen und bezieht sich auf den Unterschied zwischen Automatisierung und Autonomie. Erstere meint programmierte Waffensysteme, die sensorischen Input empfangen und basierend auf vordefinierten Regeln eine Antwort generieren. Letztere bezieht sich auf Waffensysteme, die dazu fähig sind, komplexere Absichten und Handlungen zu verstehen und eine von mehreren Handlungsalternativen auszuwählen und diese ohne einen menschlichen Einfluss auszuführen. Ein Beispiel für ein automatisches bzw. automatisiertes Waffensystem wären Luftabwehrsysteme, wie im Abschnitt 2 in [1] zuvor erwähnt.

3 Moralische Sicht

In diesem Kapitel werden moralische Argumente für und gegen autonome Waffen-systeme aufgeführt. Jedoch muss untermauert werden, dass eine moralische Dis-kussion auf technischen Annahmen von autonomen Waffensystemen aufbaut. Die zentrale Frage, die aus moralischer Sicht diskutiert werden soll, ist, ob Maschinen das Recht haben sollen, Menschen das Leben zu nehmen.

3.1 Aus Sicht der Ethik des Krieges

3.1.1 Argumente für LAWS

Im TAB-Arbeitsbericht zu LAWS [6] werden Argumente für und gegen LAWS aus Sicht der Ethik des Krieges genannt, die sich auf die Lehre des gerechten Krieges und ihren Grundsätzen stützt. Dabei wird danach unterteilt, was vor, im und nach einem kriegerischen Konflikt gerecht ist. Von wesentlichem Interesse bei der Dis-kussion um LAWS ist ein gerechtes und völkerrechtskonformes Verhalten im Krieg. Dabei werden folgende Bedingungen gestellt:

> „Erstens: Es dürfen nur Kombattanten, nicht jedoch die Zivilbevölkerung direkt angegriffen werden (Unterscheidungsgebot). Zweitens: Der Ein-satz von Waffengewalt muss verhältnismäßig sein, d.h., tote Zivilisten und anderweitige Kollateralschäden müssen in einem angemessenen Verhältnis zum militärischen Nutzen stehen (Verhältnismäßigkeitsge-bot). Und drittens: Alles Erforderliche muss getan werden, um die Zi-vilbevölkerung auch vorsorglich zu schützen (Vorsorgeprinzip). " [6, S. 151]

Ein grundsätzlicher Einsatzgrund, der auch moralisch gesehen gerechtfertigt ist, LAWS Soldaten vorzuziehen, ist, dass das Leben von Soldaten im Krieg nicht riskiert wird und somit der Verlust an eigenen Soldaten kleiner oder komplett ausfällt. Der Maschinenethiker Ronald C. Arkin nennt weitere Gründe, die aus seiner Sicht für LAWS sprechen:

Das Verhalten des Soldaten in kriegerischen Konflikten kann ungerecht und somit völkerrechtswidrig sein, so dass LAWS im Gegensatz dazu eine moralisch bessere Alternative darstellen.

LAWS müssen nicht wie Soldaten ihr eigenes Leben beschützen und verteidigen, woraus eine mäßigere Kriegsführung resultiert und daraus folgend keine Unverhältnismäßigkeiten in der Gewaltausübung. Diese können auch nicht aus negativen Gefühlen, wie es bei Soldaten der Fall sein kann, resultieren, da LAWS gefühllos sind.

Es besteht aus technischer Sicht die Wahrscheinlichkeit, dass LAWS besser darin sind, ihre Umgebung wahrzunehmen als Menschen und sich ggf. besser an Kriegssituationen anpassen können.

Kognitiv gesehen sind sie den Menschen auch überlegen und zudem „leiden sie nicht an kognitiver Voreingenommenheit und Verzerrung, von der die menschliche Urteilskraft gerade in hierarchisch geprägten Entscheidungssituationen oftmals befallen ist." [6, S. 154] Ein humaneres Verhalten im Krieg kann im Vergleich zu Soldaten möglich sein, wenn LAWS eingesetzt werden. Die Argumentation von Arkin ist utilitaristisch d.h. folgen- bzw. nutzenorientiert, es wird somit auf Basis der technischen Versprechen von LAWS abgewägt, welche Alternative einen kleineren Schaden verursacht.

Ein weiterer Vorschlag von Arkin ist, dass LAWS sozusagen mit einem Gewissen implementiert werden, ethische Grundsätze werden in Code übersetzt. Dieses Gewissen dient als Überwachungsinstanz über die Handlungen von LAWS und verfügt über ein Veto Recht im Fall von Handlungen, die diese ethischen Regeln verletzen. Ergänzt kann dieses Gewissen durch einen Menschen, der die Handlungen des LAWS mit kontrolliert und ggf. mitentscheidet.

Die Vorstellung ist von LAWS, die ethisch korrekt handelnd implementiert werden.

3.1.2 Argumente gegen LAWS

Im TAB-Arbeitsbericht zu LAWS [6] werden Argumente gegen LAWS aus Sicht eines gerechten Krieges mit oben genannten Grundsätzen erläutert:
Zwar ist Arkins Vorstellung in der Theorie einleuchtend, sie beruht aber auf technischen Erwartungen oder Versprechen, die nach jetzigem Stand nicht gesichert sind. Wichtig ist jedoch klarzustellen, dass bei fehlenden technischen Gegebenheiten Arkins These nicht aufgeht. Ob Roboter irgendwann in der Zukunft im Stande dazu sein werden, ein moralisches Gewissen zu besitzen, moralisch urteilen zu können wie der Mensch, sowie Ausnahmefälle beachten können, bleibt eine Frage der Technik und ist nicht Teil dieser Ausarbeitung.
Ein weiteres Gegenargument ist, dass mit LAWS Risiken einhergehen, so dass unbeabsichtigte Folgen und Schäden entstehen und somit die Verhältnismäßigkeit verletzt wird. Ein Beispiel wäre, dass ein autonomes Waffensystem aufgrund von falschen Schlussfolgerungen, einen Angriff gegen sich interpretiert und missverständlicherweise Gegenangriffe einleitet.
Ein weiteres Gegenargument ist, dass im Kampf zwischen eigenen LAWS und gegnerischen Soldaten eine Unverhältnismäßigkeit besteht, da Mensch gegen Maschine kämpft.

3.2 Aus Sicht der Menschenwürde

Im TAB-Arbeitsbericht zu LAWS [6] wird auch aus einer weiteren Sicht auf LAWS argumentiert und zwar aus Sicht der Menschenwürde. Dabei ist die zentrale Frage, ob eine Machine einem Menschen das Leben nehmen darf, weil sie eine Maschine ist und somit in erster Linie ungeachtet von ihren Folgen und Schäden.
Ein Argument gegen LAWS liegt in der fehlenden Empathie mit dem Opfer, LAWS können keine zwischenmenschliche Beziehung zu diesem aufbauen. Maschinen können sich nicht in die Lage des Opfers hineinversetzen, sie können den Menschen nicht als ein fühlendes Individuum wahrnehmen. Dadurch fällt der Mensch zum Opfer einer algorithmischen Entscheidung, getötet zu werden. Dies wiederum ist entwürdigend, da bei der Tötung seine Menschenwürde nicht geachtet und respektiert wird. Auf Basis dieser Argumentation stellt jeder Tod eines Menschen durch eine autonom entscheidende Maschine eine Verletzung seiner Menschen-

würde dar, so dass der Einsatz von LAWS ethisch nicht vertretbar ist. Arkins Vorstellung eines Killermaschine mit ausgestattetem Mitgefühl, Gewissen und Urteilsvermögen würde diese Argumentation jedoch widerlegen.

Ein andere Perspektive auf LAWS ist die aus Sicht des Opfers, so dass bei Einsatz von LAWS eine Verletzung der Menschenwürde nur dann vorliegt, wenn sie gegen Opfer auf eine entwürdigende Art und Weise vorgeht. In diesem Fall sind die subjektiven Gefühle und Folgen des Opfers von LAWS Grundlage für eine Argumentation aus ethischer Sicht der Menschenwürde.

3.3 Aus Sicht der Verantwortungsethik

Die letzte Sicht auf LAWS, die im TAB-Arbeitsbericht zu LAWS [6] auch thematisiert wird, befasst sich mit der ethischen Frage, wer für die wahrscheinlichen Risiken, den entstandenen, womöglich ungerechten Schaden und Folgen von LAWS verantwortlich ist, für diese schuldig gemacht werden kann und deshalb Rechenschaft ablegen muss.

Verantwortung wird analog zum Menschen durch einen freien Willen ermöglicht, so dass frei für oder gegen eine Handlung entschieden werden kann. Im Fall von autonomen Waffensystemen mit gar keiner Kontrolle oder Überwachung durch den Menschen stellt sich die Frage, ob LAWS überhaupt über eine solche Entscheidungsfreiheit, wie sie beim Menschen ausgegangen wird, verfügen. Falls diese Freiheit fehlen sollte, kann eine Maschine auf dieser Argumentationsbasis aufbauend keine Verantwortung über getroffene Entscheidungen tragen. Die Verantwortungsfrage bei Opfern von LAWS bliebe wie im Fall von höherer Gewalt offen.

Darüber hinaus wird im Hinblick auf Menschenleben argumentiert, dass die Entscheidung, einen Menschen zu töten oder nicht, ein hohes moralisches Gut darstellt, das nicht an Maschinen delegiert werden darf, sondern weiterhin vom Menschen getragen werden soll, der für seine (Fehl-)Entscheidung verantwortbar ist.

Nicht zuletzt haben Maschinen kein Gewissen, für das sie sich für ihre Entscheidung rechtfertigen müssen, weshalb das Töten durch LAWS an sich verantwortungslos ist.

4 Politische Sicht

Im Hinblick auf wirtschaftliche und politische Interessen hinter autonomen Waffensystemen und auch der wahrscheinliche Übergang der bisher etablierten UAV zu AWS hat sich im letzten Jahrzehnt sowohl international als auch öffentlich das Interesse und die Aufmerksamkeit auf dieses Thema gelenkt.

4.1 Internationale Meilensteine

Abschnitt 4 in [1] thematisiert u.a. internationale Bemühungen, über AWS zu diskutieren und evtl. zu verbieten:

2009 wurde die International Committee for Robot Arms Control (ICRAC) gegründet. Wie auf der Homepage[1] zu lesen ist, handelt es sich hierbei um ein NGO aus Wissenschaftlern unterschiedlicher Fachrichtungen, wie z.B. KI-Experten, Roboterethik, etc. die sich das Ziel gesetzt haben, Diskussionen zur Kontrolle von AWS ins Leben zu rufen, aus dem festen Glauben heraus, dass die neuartige Kriegstechnologie eine Gefahr für die Menschheit und internationale Sicherheit darstellt.

2012 wurde die international Campaign to Stop Killer Robots gegründet. Wie auf ihrer Website[2] zu sehen ist, hat sie nach aktuellem Stand 180 internationale, regionale und nationale NGOs in über 65 Ländern. ICRAC ist z.B. ein Mitglied dieser Kampagne, die sich für internationale Gesetze zu AWS einsetzt.

Im Oktober 2013 haben mehr als 30 Staaten das Thema in der UN-Versammlung angesprochen, im November 2013 haben sich die Mitgliedstaaten der UN-Waffenkonvention dazu entschieden, Expertendiskussionen diesem Thema einzuleiten. Seit dem hat sich der Begriff lethal autonomous weapons (LAWS) für autonome Waffensysteme etabliert. Diese Diskussionen wurden seit 2014 regelmäßig in Genf gehalten, seit

---

[1] www.icrac.net/about-icrac/ (zuletzt besucht am 10.08.2021)
[2] www.stopkillerrobots.org/about/ (zuletzt besucht am 10.08.2021)

2017 unter der formalen Gruppe Group of Government Experts (GGE). Der Fortschritt dieser Expertendiskussionen war trotz starker Meinungsunterschiede eine generelle Zustimmung über eine gewisse notwendige Kontrolle über LAWS durch den Menschen.
Ende 2018 haben sich 28 Länder für ein Verbot von LAWS ausgesprochen. Einige Länder wie u.a. USA und Russland unterstützten diesen Aufruf jedoch nicht.

4.2 Aktivitäten und Bemühungen der Öffentlichkeit

Auf Aktivitäten in Form von z.b. Videos oder Open Letters seitens der Roboter und KI Communitys werden auch im 4. Abschnitt in [1] eingegangen:
Ein Beispiel dafür ist ein Open Letter [3] von über 270 Informatiker, Ingenieuren, KI Experten und Wissenschaftler aus anderen Disziplinen (2012/13), in dem ausdrücklich dazu aufgerufen wird, die Entwicklung und den Einsatz von LAWS zu verbieten. In diesem Call werden Argumente moralischer und technischer Natur genannt. So sei die Interaktion von zwei durch komplexe Algorithmen gesteuerte LAWS nicht vorhersehbar und birgt daher ein großes Eskalationspotential und kann sogar eine Gefahr für die zivile Bevölkerung darstellen. LAWS stellen auch aus moralischer Sicht die Verantwortung und Rechenschaft für entstandene Folgen in Frage.
Der Brief endet mit folgendem Zitat:

„Given the limitations and unknown future risks of autonomous robot weapons technology, we call for a prohibition on their development and deployment. Decisions about the application of violent force must not be delegated to machines." [3, S. 3]

Das Video „Slaughterbots" [2] hat für sehr viel Aufsehen gesorgt:
Im Video ist zu sehen, wie der Moderator die neuartige Kriegsdrohne vorstellt, die autonom Menschen als Ziele aussucht und diese durch ihre explosive Ladung tötet. Das Video zeigt eine Dystopie, bei der eine große Ladung solcher Drohnen in der zivilen Bevölkerung freigelassen wird und die Lage außer Kontrolle gerät, so dass unschuldige Zivilisten zum Ziel werden und die Menschen anfangen, sich vor diesen Drohnen in Häusern zu verstecken.
In Deutschland hat sich 2019 die Gesellschaft für Informatik in einer Stellungnahme [4] sich auch für ein Verbot von LAWS ausgesprochen. So heißt es z.B.:

„Wie in der Stellungnahme der GI[6] zur KI-Strategie der Bundesregierung fordern wir daher die Bundesregierung auf, sich in den aktuellen
Verhandlungen gemeinsam mit ihren europäischen Partnern für eine
völkerrechtliche Ächtung von LAWS im Rahmen der UN-Waffenkonvention
einzusetzen und ihre weitere Erforschung auf nationaler Ebene streng
zu regulieren." [4]

Bemerkenswert sind auch einzelne Beiträge von Individuen, wie z.B. der Blog von
Liz O'Sullivan [5], einem Software Entwickler, der seinen Job freiwillig gekündigt hat,
weil der Geschäftsführer seines Unternehmens bereit sei, der Regierung LAWS
Kriegstechnologie zu verkaufen. Herr O'Sullivan war nicht einverstanden damit,
dass KI für die Entwicklung von LAWS missbraucht wird. So schreibt er in seinem
Beitrag:

„I could not abide being part of that, so I quit." [5]

4.3 Möglicher Entwurf eines internationalen LAWS Verbotes

Im 6. Abschnitt in [1] wird darauf eingegangen, wie ein möglicher internationaler
Verbot von LAWS realisiert werden kann:
Zunächst muss geklärt werden, für welche Phasen ein Verbot gelten soll, darunter
gemeint die Forschung, die Entwicklung, die Testung, die Produktion oder nur der
Einsatz. Abgesehen vom konkreten Entwurf eines möglichen Verbots, stellt sich die
Frage, wie man LAWS international verbieten könnte.
Die UN-Waffenkonvention könnte analog zu Protokoll 4 des Verbots von blind ma-
chenden Laserwaffen um ein weiteres Protokoll zum Verbot von LAWS erweitert
werden, falls ein Konsens besteht, ein solches hinzuzufügen.
Alternativ dazu könnte ein separater Vertrag zustande kommen. Ein Beispiel für
einen solchen Vertrag ist die Antipersonal Mine Convention im Jahr 1997 wie im
Abschnitt 4 in [1] zuvor genannt wird.
Die Wahrscheinlichkeit über ein internationales Verbot von LAWS bleibt offen, je-
doch stellt sich auch die Frage, wie mit bereits etablierten UAVs umgegangen wird.
Falls diese erlaubt bleiben, so entsteht ein schweres Verifikationsproblem, da UAVs

mit ihrer Software jederzeit zu AWS erweitert werden können und nach außen kein Unterschied erkennbar wäre. Eine Möglichkeit wäre die Software zur Prüfung zur Verfügung zu stellen bzw. Verifikationsmethoden einzusetzen, um ein derartiges Szenario zu bemerken. Selbstverständlich würde ein Verbot von UAVs dieses Problem lösen.

5 Fazit

Zusammenfassend kann man sagen, dass es sich bei LAWS um ein schwieriges Thema handelt. Definitionen werden unterschiedlich ausgelegt, sie können sich im Kern ähneln oder unterscheiden, manche stoßen auf Zustimmung, andere wiederum auf Kritik oder Ablehnung. Der Begriff der Autonomie, welche das Wesen der LAWS ausmacht und von anderen Kriegstechnologien wie z.b. UAVs unterscheidet, ist auch schwer zu fassen und abzugrenzen. Jedoch ist eine eindeutige und präzise Definition zu LAWS wichtig für weiterführende Diskussionen wie z.b. für die moralischen Bewertung dieser neuen Kriegstechnologie oder für ein Verbot, das von Staaten Zustimmung erntet und unterzeichnet werden kann und sich klar von anderen Kriegstechnologien v.a. im Kern des Autonomie Begriffs abgrenzt.

Moralisch gesehen steht die Frage im Raum, ob Maschinen dazu berechtigt sind, über das Leben eines Menschen zu entscheiden. Über diese Frage wird aus unterschiedlichen Sichtweisen diskutiert, die Meinungen divergieren von einem moralisch legitimierten Einsatz von LAWS z.B. zum Schutz eigener Soldaten bis hin zu einem Einsatzverbot. Dass die argumentative Auseinandersetzung auch an ihre Grenzen stoßen kann, zeigt v.a. Arkins Stellung, da zur Argumentation gewisse Annahmen zur Technik vorausgesetzt werden, die technisch nicht geklärt sind, wie z.B. ob eine Maschine Empathie zeigen kann.

Aus politischer Sicht sind sehr starke Bemühungen und Bestrebungen zur Internationalisierung des Themas z.B. durch Expertendiskussionen zu erkennen. Einen wesentlichen und beachtlichen Beitrag haben Roboter und KI Communitys, Wissenschaftler aus unterschiedlichen Länder geleistet, durch beispielsweise Letter, Verbotsaufrufen und anderen Aktivitäten, in denen moralische und auch nicht-moralische Gründe wie z.b. ein hohes Risikopotential von LAWS genannt werden.

Wie im letzten Abschnitt in [1] zu lesen ist, bleibt offen, ob und wie wahrscheinlich ein Verbot zu LAWS zu Stande kommen, entworfen und auch international durchgesetzt wird, weil die politischen, militärischen und wirtschaftlichen Interessen hinter

LAWS sehr groß sind.

Staaten wie USA ziehen Forschung, Entwicklung, Produktion, Besitz und evtl. Einsatz von LAWS in Erwägung, um ihre Vormachtstellung aufrechtzuerhalten. Falls aber ein Staat in dieser neuartigen Kriegstechnologie Fuß fassen würde, ist es sehr wahrscheinlich, dass andere Staaten auch mitziehen werden.

Falls ein Verbot in Frage kommen sollte, so wäre das Prinzip «Verbieten, bevor es zu spät ist!» überzeugend, um Wettrüstungsszenarien wie im kalten Krieg zu verhindern. Falls man LAWS rechtzeitig verhindert, so kann man auch entgegenwirken, dass sie an Akzeptanz gewinnen und sich als eine neue alternative Kriegstechnologie etablieren wie im Fall von UAVs.

Literatur

[1] J. Altmann. *KI 2019: Advances in Artificial Intelligence 42nd German Conference on AI, Kassel, Germany, September 23–26, 2019, Proceedings.* Hrsg. von Springer International Publishing. Christoph Benzmüller, Heiner Stuckenschmidt, 2019, S. 1–17.

[2] DUST. *Sci-Fi Short Film "Slaughterbots" | DUST [Video].* Youtube. 2019. URL: https://www.youtube.com/watch?v=O-2tpwWOkmU.

[3] ICRAC. *Computing experts from 37 countries call for ban on killer robots - Decision to apply violent force must not be delegated to machines.* Okt. 2013. URL: https://www.icrac.net/wp-content/uploads/2018/06/Scientist-Call_Press-Release.pdf (besucht am 10.08.2021).

[4] Gesellschaft für Informatik. *Tödliche autonome Waffensysteme (LAWS) müssen völkerrechtlich geächtet werden.* Feb. 2019. URL: https://gi.de/fileadmin/GI/Allgemein/PDF/GI-Stellungnahme_LAWS_2019-02.pdf (besucht am 10.08.2021).

[5] Liz O'Sullivan. *I Quit My Job to Protest My Company's Work on Building Killer Robots.* März 2019. URL: https://www.aclu.org/blog/national-security/targeted-killing/i-quit-my-job-protest-my-companys-work-building-killer (besucht am 10.08.2021).

[6] C. Kehl R. Grünwald. „Autonome Waffensysteme : Endbericht zum TA-Projekt". In: *Wienands Print + Medien GmbH* (2020), S. 149–177. URL: https://www.tab-beim-bundestag.de/de/pdf/publikationen/berichte/TAB-Arbeitsbericht-ab187.pdf.

[7] International Committee of the Red Cross (ICRC). *Ethics and autonomous weapon systems: An ethical basis for human control?* Apr. 2018. URL: https://www.icrc.org/en/document/ethics-and-autonomous-weapon-systems-ethical-basis-human-control (besucht am 09.08.2021).

[8] Max-Ludwig Stadler. *Künstliche Intelligenz*. Juli 2021. URL: https://mindsquare. de/knowhow/kuenstliche-intelligenz/#kuenstliche-intelligenz-im-alltag (besucht am 13.08.2021).